语文写霸
YUWEN XIEBA

千呼万唤始出来
犹抱琵琶半遮面
转轴拨弦三两声
未成曲调先有情

高中
必背古诗文

田英章 书
中国硬笔书法协会首任会长

正楷

75篇

上海交通大学 出版社
SHANGHAI JIAO TONG UNIVERSITY PRESS

图书在版编目（CIP）数据

语文写霸. 高中必背古诗文. 正楷 / 田英章书.—上海：上海交通大学出版社，2017
（华夏万卷）
ISBN 978-7-313-18237-1

Ⅰ.①语… Ⅱ.①田… Ⅲ.①汉字–硬笔字–高中–法帖 Ⅳ.①G634.955.3

中国版本图书馆 CIP 数据核字（2017）第 255376 号

语文写霸·高中必背古诗文·正楷
田英章 书

出版发行：上海交通大学出版社   地 址：上海市番禺路 951 号
邮政编码：200030   电 话：021-64071208
印　　刷：成都蜀望印务有限公司   经 销：全国新华书店
开　　本：787mm×1092mm 1/16   印 张：5.5
字　　数：132 千字
版　　次：2017 年 11 月第 1 版   印 次：2019 年 5 月第 4 次印刷
书　　号：ISBN 978-7-313-18237-1
定　　价：25.00 元

目 录

北冥有鱼其名为鲲鲲之大不知其几千里也化而为鸟其名为鹏鹏之背不知其几千里也怒而飞其翼若垂天之云是鸟也海运则将徙于南冥南冥者天池也齐谐者志怪者也谐之言曰鹏之徙于南冥也水击三千里抟扶摇而上者九万里去以六月息者也野马也尘埃也生物之以息相吹也天之苍苍其正色邪其远而无所至极邪其视下也亦若是则已矣

庄子一则 田英章书于京

劝 学
《荀子》

君子曰：学不可以已。

青，取之于蓝，而青于蓝；冰，水为之，而寒于水。木直中绳，輮以为轮，其曲中规。虽有槁暴，不复挺者，輮使之然也。故木受绳则直，金就砺则利，君子博学而日参省乎己，则知明而行无过矣。

吾尝终日而思矣，不如须臾之所学也；吾尝跂而望矣，不如登高之博见也。登高而招，臂非加长也，而见者远；顺风而呼，声非加疾也，而闻者彰。假舆马者，非利足也，而致千里；假舟楫者，非能水也，而绝江河。

君子生①非异也，善假于物也。

　　积土成山，风雨兴焉；积水成渊，蛟龙生焉；积善成德，而神明自得，圣心备焉。故不积跬步，无以至千里；不积小流，无以成江海。骐骥一跃，不能十步；驽马十驾，功在不舍。锲而舍之，朽木不折；锲而不舍，金石可镂。蚓无爪牙之利，筋骨之强，上食埃土，下饮黄泉，用心一也。蟹六跪而二螯，非蛇鳝之穴无可寄托者，用心躁也。

①生：通"性"，资质、禀赋。

逍遥游
〔战国〕庄　周

北冥①有鱼，其名为鲲。鲲之大，

不知其几千里也；化而为鸟，其名为鹏。鹏

之背，不知其几千里也；怒而飞，其翼若垂

天之云。是鸟也，海运则将徙于南冥，—南

冥者，天池也。《齐谐》者，志怪者也。《谐》之

言曰："鹏之徙于南冥也，水击三千里，抟扶

摇而上者九万里，去以六月息者也。"野马

也，尘埃也，生物之以息相吹也。天之苍苍，

其正色邪？其远而无所至极邪？其视下也，

亦若是则已矣。且夫水之积也不厚，则其负

①冥：通"溟"，海。

大舟也无力。覆杯水于坳堂之上,则芥为之

舟,置杯焉则胶,水浅而舟大也。风之积也

不厚,则其负大翼也无力。故九万里,则风

斯在下矣,而后乃今培风;背负青天,而莫

之夭阏者,而后乃今将图南。蜩与学鸠笑之

曰:"我决起而飞,抢榆枋而止,时则不至,

而控于地而已矣,奚以之九万里而南为?"

适莽苍者,三餐而反,腹犹果然;适百里

者,宿舂粮;适千里者,三月聚粮。之二虫

又何知!

小知①不及大知，小年不及大年。奚以知

其然也？朝菌不知晦朔，蟪蛄不知春秋，此

小年也。楚之南有冥灵者，以五百岁为春，

五百岁为秋；上古有大椿者，以八千岁为

春，八千岁为秋，此大年也。而彭祖乃今以

久特闻，众人匹之，不亦悲乎！汤之问棘也

是已。穷发之北，有冥海者，天池也。有鱼

焉，其广数千里，未有知其修者，其名为鲲。

有鸟焉，其名为鹏，背若泰山，翼若垂天之

云，抟扶摇羊角而上者九万里，绝云气，负

---

①知：通"智"。

青天,然后图南,且适南冥也。斥鴳笑之曰:

"彼且奚适也?我腾跃而上,不过数仞而下,

翱翔蓬蒿之间,此亦飞之至也。而彼且奚适

也?"此小大之辩①也。

　　故夫知效一官,行比一乡,德合一君,

而②征一国者,其自视也,亦若此矣。而宋荣

子犹然笑之。且举世誉之而不加劝,举世非

之而不加沮, 定乎内外之分, 辩乎荣辱之

境,斯已矣。彼其于世,未数数然也。虽然,

犹有未树也。夫列子御风而行,泠然善也,

①辩:通"辨",区别。②而:通"能",才能。

6

旬有五日而后反。彼于致福者，未数数然也。此虽免乎行，犹有所待者也。若夫乘天地之正，而御六气之辩①，以游无穷者，彼且恶乎待哉？故曰：至人无己，神人无功，圣人无名。

师说

〔唐〕韩 愈

古之学者必有师。师者，所以传道受②业解惑也。人非生而知之者，孰能无惑？惑而不从师，其为惑也，终不解矣。生乎吾前，其闻道也固先乎吾，吾从而师之；生乎吾后，其闻道也亦先乎吾，吾从而师之。

①辩：通"变"。②受：通"授"，传授。

吾师道也，夫庸知其年之先后生于吾乎？是

故无贵无贱，无长无少，道之所存，师之所

存也。

　　嗟乎！师道之不传也久矣！欲人之无惑

也难矣！古之圣人，其出人也远矣，犹且从

师而问焉；今之众人，其下圣人也亦远矣，

而耻学于师。是故圣益圣，愚益愚。圣人之

所以为圣，愚人之所以为愚，其皆出于此

乎？爱其子，择师而教之；于其身也，则耻师

焉，惑矣。彼童子之师，授之书而习其句读

者,非吾所谓传其道解其惑者也。句读之不

知,惑之不解,或师焉,或不^①焉,小学而大

遗,吾未见其明也。巫医乐师百工之人,不

耻相师。士大夫之族,曰师曰弟子云者,则

群聚而笑之。问之,则曰:"彼与彼年相若

也,道相似也,位卑则足羞,官盛则近谀。"

呜呼!师道之不复,可知矣。巫医乐师百工

之人,君子不齿,今其智乃反不能及,其可

怪也欤!

　　圣人无常师。孔子师郯子、苌弘、师襄、

①不:通"否"。

老聃。郯子之徒，其贤不及孔子。孔子曰：三

人行，则必有我师。是故弟子不必不如师，

师不必贤于弟子，闻道有先后，术业有专

攻，如是而已。

　　李氏子蟠，年十七，好古文，六艺经传

皆通习之，不拘于时，学于余。余嘉其能行

古道，作《师说》以贻之。

阿房宫赋
〔唐〕杜　牧

六王毕，四海一，蜀山兀，阿房

出。覆压三百余里，隔离天日。骊山北构而

西折，直走咸阳。二川溶溶，流入宫墙。五步

一楼,十步一阁;廊腰缦回,檐牙高啄;各抱

地势,钩心斗角。盘盘焉,囷囷焉,蜂房水

涡,矗不知其几千万落。长桥卧波,未云何

龙?复道行空,不霁何虹?高低冥迷,不知西

东。歌台暖响,春光融融;舞殿冷袖,风雨凄

凄。一日之内,一宫之间,而气候不齐。

妃嫔媵嫱,王子皇孙,辞楼下殿,辇

来于秦。朝歌夜弦,为秦宫人。明星荧荧,开

妆镜也;绿云扰扰,梳晓鬟也;渭流涨腻,弃

脂水也;烟斜雾横,焚椒兰也。雷霆乍惊,宫

车过也；辘辘远听，杳不知其所之也。一

肌一容，尽态极妍，缦立远视，而望幸焉。有

不见者，三十六年。燕赵之收藏，韩魏之

经营，齐楚之精英，几世几年，剽掠其人，

倚叠如山。一旦不能有，输来其间。鼎铛

玉石，金块珠砾，弃掷逦迤，秦人视之，亦

不甚惜。

　　嗟乎！一人之心，千万人之心也。秦爱

纷奢，人亦念其家。奈何取之尽锱铢，用之

如泥沙？使负栋之柱，多于南亩之农夫；架

梁之椽,多于机上之工女;钉头磷磷,多于

在庾之粟粒;瓦缝参差,多于周身之帛缕;

直栏横槛,多于九土之城郭;管弦呕哑,多

于市人之言语。使天下之人,不敢言而敢

怒。独夫之心,日益骄固。戍卒叫,函谷举,

楚人一炬,可怜焦土!

　　呜呼!灭六国者六国也,非秦也;族秦

者秦也,非天下也。嗟乎!使六国各爱其人,

则足以拒秦;使秦复爱六国之人,则递三世

可至万世而为君,谁得而族灭也?秦人不暇

自哀,而后人哀之;后人哀之而不鉴之,亦

使后人而复哀后人也。

赤壁赋
〔宋〕苏　轼

壬戌之秋,七月既望,苏子与客

泛舟游于赤壁之下。清风徐来,水波不兴。

举酒属客,诵明月之诗,歌窈窕之章。少焉,

月出于东山之上,徘徊于斗牛之间。白露横

江,水光接天。纵一苇之所如,凌万顷之茫

然。浩浩乎如冯①虚御风,而不知其所止;飘

飘乎如遗世独立,羽化而登仙。

于是饮酒乐甚,扣舷而歌之。歌曰:"桂

①冯:通"凭",乘。

棹兮兰桨，击空明兮溯流光。渺渺兮予怀，望美人兮天一方。"客有吹洞箫者，倚歌而和之。其声呜呜然，如怨如慕，如泣如诉，余音袅袅，不绝如缕。舞幽壑之潜蛟，泣孤舟之嫠妇。

苏子愀然，正襟危坐而问客曰："何为其然也？"客曰："'月明星稀，乌鹊南飞'，此非曹孟德之诗乎？西望夏口，东望武昌，山川相缪，郁乎苍苍，此非孟德之困于周郎者乎？方其破荆州，下江陵，顺流而东也，舳

舻千里,旌旗蔽空,酾酒临江,横槊赋诗,

固一世之雄也,而今安在哉?况吾与子渔樵

于江渚之上,侣鱼虾而友麋鹿,驾一叶之扁

舟,举匏樽以相属。寄蜉蝣于天地,渺沧海

之一粟。哀吾生之须臾,羡长江之无穷。挟

飞仙以遨游,抱明月而长终。知不可乎骤

得,托遗响于悲风。"

　　苏子曰:"客亦知夫水与月乎?逝者如

斯,而未尝往也;盈虚者如彼,而卒莫消长

也。盖将自其变者而观之,则天地曾不能以

一瞬；自其不变者而观之，则物与我皆无尽

也，而又何羡乎！且夫天地之间，物各有主，

苟非吾之所有，虽一毫而莫取。惟江上之清

风，与山间之明月，耳得之而为声，目遇之

而成色，取之无禁，用之不竭，是造物者之

无尽藏也，而吾与子之所共适。"

　　客喜而笑，洗盏更酌。肴核既尽，杯盘

狼籍。相与枕藉乎舟中，不知东方之既白。

　　　　　氓　　　　氓之蚩蚩，抱布贸丝。匪①来贸
　　《诗经》

丝，来即我谋。送子涉淇，至于顿丘。匪我愆

①匪：通"非"，不是。

期,子无良媒。将子无怒,秋以为期。

乘彼垝垣,以望复关。不见复关,泣涕涟涟。既见复关,载笑载言。尔卜尔筮,体无咎言。以尔车来,以我贿迁。

桑之未落,其叶沃若。于①嗟鸠兮,无食桑葚!于嗟女兮,无与士耽!士之耽兮,犹可说②也。女之耽兮,不可说也!

桑之落矣,其黄而陨。自我徂尔,三岁食贫。淇水汤汤,渐车帷裳。女也不爽,士贰其行。士也罔极,二三其德。

①于:通"吁"。②说:通"脱"。

三岁为妇，靡室劳矣。夙兴夜寐，靡有朝矣。言既遂矣，至于暴矣。兄弟不知，咥其笑矣。静言思之，躬自悼矣。

及尔偕老，老使我怨。淇则有岸，隰则有泮①。总角之宴，言笑晏晏。信誓旦旦，不思其反。反是不思，亦已焉哉！

离骚

〔战国〕屈 原

长太息以掩涕兮，哀民生之多艰。余虽好修姱以鞿羁兮，謇朝谇而夕替。既替余以蕙纕兮，又申之以揽茝。亦余心之所善兮，虽九死其犹未悔。怨灵修之浩荡

①泮：通"畔"，边岸。

兮，终不察夫民心。众女嫉余之蛾眉兮，谣

诼谓余以善淫。固时俗之工巧兮，偭规矩而

改错①。背绳墨以追曲兮，竞周容以为度。忳

郁邑余侘傺兮，吾独穷困乎此时也。宁溘死

以流亡兮，余不忍为此态也！鸷鸟之不群

兮，自前世而固然。何方圜②之能周兮？夫孰

异道而相安？屈心而抑志兮，忍尤而攘诟。

伏清白以死直兮，固前圣之所厚。

　　悔相道之不察兮，延伫乎吾将反。回朕

车以复路兮，及行迷之未远。步余马于兰皋

①错：通"措"，措施。②圜：通"圆"。

兮，驰椒丘且焉止息。进不入以离尤兮[①]，退

将复修吾初服。制芰荷以为衣兮，集芙蓉以

为裳。不吾知其亦已兮，苟余情其信芳。高

余冠之岌岌兮，长余佩之陆离。芳与泽其杂

糅兮，唯昭质其犹未亏。忽反顾以游目兮，

将往观乎四荒。佩缤纷其繁饰兮，芳菲菲其

弥章[②]。民生各有所乐兮，余独好修以为常。

虽体解吾犹未变兮，岂余心之可惩？

蜀道难
〔唐〕李　白

噫吁嚱，危乎高哉！蜀道之难，

难于上青天！蚕丛及鱼凫，开国何茫然！尔

①离：通"罹"，遭受。②章：通"彰"。

来四万八千岁，不与秦塞通人烟。西当太白

有鸟道，可以横绝峨眉巅。地崩山摧壮士

死，然后天梯石栈相钩连。上有六龙回日之

高标，下有冲波逆折之回川。黄鹤之飞尚不

得过，猿猱欲度愁攀援。青泥何盘盘，百步

九折萦岩峦。扪参历井仰胁息，以手抚膺坐

长叹。

问君西游何时还？畏途巉岩不可攀。但

见悲鸟号古木，雄飞雌从绕林间。又闻子规

啼夜月，愁空山。蜀道之难，难于上青天，使人

听此凋朱颜! 连峰去天不盈尺, 枯松倒挂倚

绝壁。 飞湍瀑流争喧豗, 砯崖转石万壑雷。

其险也如此, 嗟尔远道之人胡为乎来哉!

　　剑阁峥嵘而崔嵬, 一夫当关, 万夫莫

开。 所守或匪①亲, 化为狼与豺。 朝避猛虎, 夕

避长蛇, 磨牙吮血, 杀人如麻。 锦城虽云乐,

不如早还家。 蜀道之难, 难于上青天, 侧身

西望长咨嗟!

登　高
〔唐〕杜　甫

风急天高猿啸哀, 渚清沙白鸟

飞回。 无边落木萧萧下, 不尽长江滚滚来。

①匪: 通 "非"。

万里悲秋常作客,百年多病独登台。艰难苦

恨繁霜鬓,潦倒新停浊酒杯。

琵琶行
〔唐〕白居易

浔阳江头夜送客,枫叶荻花秋

瑟瑟。主人下马客在船,举酒欲饮无管弦。

醉不成欢惨将别,别时茫茫江浸月。

忽闻水上琵琶声,主人忘归客不发。寻

声暗问弹者谁,琵琶声停欲语迟。移船相近

邀相见,添酒回灯重开宴。千呼万唤始出

来,犹抱琵琶半遮面。转轴拨弦三两声,

未成曲调先有情。弦弦掩抑声声思,似诉平

生不得志。低眉信手续续弹,说尽心中无限

事。轻拢慢捻抹复挑,初为《霓裳》后《六

幺》。大弦嘈嘈如急雨,小弦切切如私语。

嘈嘈切切错杂弹,大珠小珠落玉盘。间关

莺语花底滑,幽咽泉流冰下难。冰泉冷涩

弦凝绝,凝绝不通声暂歇。别有幽愁暗恨

生,此时无声胜有声。银瓶乍破水浆迸,

铁骑突出刀枪鸣。曲终收拨当心画,四弦

一声如裂帛。东船西舫悄无言,唯见江心

秋月白。

沉吟放拨插弦中，整顿衣裳起敛容。

自言本是京城女，家在虾蟆陵下住。十三学

得琵琶成，名属教坊第一部。曲罢曾教善才

服，妆成每被秋娘妒。五陵年少争缠头，一

曲红绡不知数。钿头银篦击节碎，血色罗裙

翻酒污。今年欢笑复明年，秋月春风等闲

度。弟走从军阿姨死，暮去朝来颜色故。门

前冷落鞍马稀，老大嫁作商人妇。商人重利

轻别离，前月浮梁买茶去。去来江口守空

船，绕船月明江水寒。夜深忽梦少年事，

梦啼妆泪红阑干。

　　我闻琵琶已叹息，又闻此语重唧唧。同是天涯沦落人，相逢何必曾相识！我从去年辞帝京，谪居卧病浔阳城。浔阳地僻无音乐，终岁不闻丝竹声。住近湓江地低湿，黄芦苦竹绕宅生。其间旦暮闻何物？杜鹃啼血猿哀鸣。春江花朝秋月夜，往往取酒还独倾。岂无山歌与村笛，呕哑嘲哳难为听。今夜闻君琵琶语，如听仙乐耳暂明。莫辞更坐弹一曲，为君翻作《琵琶行》。

感我此言良久立，却坐促弦弦转急。凄

凄不似向前声，满座重闻皆掩泣。座中泣下

谁最多？江州司马青衫湿。

锦 瑟
〔唐〕李商隐

锦瑟无端五十弦，一弦一柱思

华年。庄生晓梦迷蝴蝶，望帝春心托杜鹃。

沧海月明珠有泪，蓝田日暖玉生烟。此情可

待成追忆？只是当时已惘然。

虞美人
〔南唐〕李 煜

春花秋月何时了？往事知多少。

小楼昨夜又东风，故国不堪回首月明中。

雕栏玉砌应犹在，只是朱颜改。问君能有几

多愁？恰似一江春水向东流。

念奴娇·赤壁怀古
〔宋〕苏 轼

大江东去，浪淘尽，千古风流人物。故垒西边，人道是，三国周郎赤壁。乱石穿空，惊涛拍岸，卷起千堆雪。江山如画，一时多少豪杰。　遥想公瑾当年，小乔初嫁了，雄姿英发。羽扇纶巾，谈笑间，樯橹灰飞烟灭。故国神游，多情应笑我，早生华发。人生如梦，一尊①还酹江月。

永遇乐·京口北固亭怀古
〔宋〕辛弃疾

千古江山，英雄无觅孙仲谋处。舞榭歌台，风流总被雨打风吹去。斜阳草

①尊：同"樽"，酒杯。

树，寻常巷陌，人道寄奴曾住。想当年，金戈

铁马，气吞万里如虎。　　元嘉草草，封狼居

胥，赢得仓皇北顾。四十三年，望中犹记，烽

火扬州路。可堪回首，佛狸祠下，一片神鸦

社鼓。凭谁问：廉颇老矣，尚能饭否？

关雎
《诗经》

关关雎鸠，在河之洲。窈窕淑

女，君子好逑。参差荇菜，左右流之。窈窕淑

女，寤寐求之。求之不得，寤寐思服。悠哉悠

哉，辗转反侧。参差荇菜，左右采之。窈窕淑

女，琴瑟友之。参差荇菜，左右芼之。窈窕淑

女,钟鼓乐之。

蒹葭
《诗经》

蒹葭苍苍,白露为霜。所谓伊人,在水一方。溯洄从之,道阻且长。溯游从之,宛在水中央。蒹葭萋萋,白露未晞。所谓伊人,在水之湄。溯洄从之,道阻且跻。溯游从之,宛在水中坻。蒹葭采采,白露未已。所谓伊人,在水之涘。溯洄从之,道阻且右。溯游从之,宛在水中沚。

十五从军征
《乐府诗集》

十五从军征,八十始得归。道逢乡里人:"家中有阿谁?""遥看是君家,松

柏冢累累。"兔从狗窦入，雉从梁上飞。中庭

生旅谷，井上生旅葵。舂谷持作饭，采葵持

作羹。羹饭一时熟，不知饴阿谁。出门东向

看，泪落沾我衣。

观沧海
〔东汉〕曹　操

东临碣石，以观沧海。水何澹

澹，山岛竦峙。树木丛生，百草丰茂。秋风萧

瑟，洪波涌起。日月之行，若出其中；星汉灿

烂，若出其里。幸甚至哉，歌以咏志。

饮　酒(其五)
〔东晋〕陶渊明

结庐在人境，而无车马喧。问君

何能尔？心远地自偏。采菊东篱下，悠然见

南山。山气日夕佳,飞鸟相与还。此中有真

意,欲辨已忘言。

木兰诗
《乐府诗集》

唧唧复唧唧,木兰当户织。不闻

机杼声,唯闻女叹息。

问女何所思,问女何所忆。女亦无所

思,女亦无所忆。昨夜见军帖,可汗大点兵,

军书十二卷,卷卷有爷名。阿爷无大儿,木

兰无长兄,愿为市鞍马,从此替爷征。

东市买骏马,西市买鞍鞯,南市买辔

头,北市买长鞭。旦辞爷娘去,暮宿黄河边,

不闻爷娘唤女声，但闻黄河流水鸣溅溅。旦

辞黄河去，暮至黑山头，不闻爷娘唤女声，

但闻燕山胡骑鸣啾啾。

万里赴戎机，关山度若飞。朔气传金

柝，寒光照铁衣。将军百战死，壮士十年归。

归来见天子，天子坐明堂。策勋十二

转，赏赐百千强。可汗问所欲，木兰不用尚

书郎，愿驰千里足，送儿还故乡。

爷娘闻女来，出郭相扶将；阿姊闻妹

来，当户理红妆；小弟闻姊来，磨刀霍霍向

猪羊。开我东阁门,坐我西阁床。脱我战时袍,著我旧时裳。当窗理云鬓,对镜帖花黄①。

出门看火伴,火伴皆惊忙:同行十二年,不知木兰是女郎。

雄兔脚扑朔,雌兔眼迷离;双兔傍地走,安能辨我是雄雌?

送杜少府之任蜀州
〔唐〕王　勃

城阙辅三秦,风烟望五津。与君离别意,同是官游人。海内存知己,天涯若比邻。无为在歧路,儿女共沾巾。

登幽州台歌
〔唐〕陈子昂

前不见古人,后不见来者。念天

①帖:同"贴"。

地之悠悠,独怆然而涕下!

次北固山下
〔唐〕王 湾

客路青山外,行舟绿水前。潮平两岸阔,风正一帆悬。海日生残夜,江春入旧年。乡书何处达？归雁洛阳边。

使至塞上
〔唐〕王 维

单车欲问边,属国过居延。征蓬出汉塞,归雁入胡天。大漠孤烟直,长河落日圆。萧关逢候骑,都护在燕然。

闻王昌龄左迁龙标遥有此寄
〔唐〕李 白

杨花落尽子规啼,闻道龙标过五溪。我寄愁心与明月,随君直到夜郎西。

行路难(其一)
〔唐〕李 白

金樽清酒斗十千,玉盘珍羞①直②

①羞:同"馐",美味的食物。②直:同"值"。

万钱。停杯投箸不能食,拔剑四顾心茫然。

欲渡黄河冰塞川,将登太行雪满山。闲来垂

钓碧溪上,忽复乘舟梦日边。行路难,行路

难,多歧路,今安在?长风破浪会有时,直挂

云帆济沧海。

黄鹤楼
〔唐〕崔　颢

昔人已乘黄鹤去, 此地空余黄

鹤楼。黄鹤一去不复返,白云千载空悠悠。

晴川历历汉阳树,芳草萋萋鹦鹉洲。日暮乡

关何处是?烟波江上使人愁。

望　岳
〔唐〕杜　甫

岱宗夫如何?齐鲁青未了。造化

钟神秀，阴阳割昏晓。荡胸生曾^①云，决眦入

归鸟。会当凌绝顶，一览众山小。

春望
〔唐〕杜 甫

国破山河在，城春草木深。感时

花溅泪，恨别鸟惊心。烽火连三月，家书抵

万金。白头搔更短，浑欲不胜簪。

茅屋为秋风所破歌
〔唐〕杜 甫

八月秋高风怒号，卷我屋上三

重茅。茅飞渡江洒江郊，高者挂罥长林梢，

下者飘转沉塘坳。南村群童欺我老无力，

忍能对面为盗贼。公然抱茅入竹去，唇焦口

燥呼不得，归来倚杖自叹息。俄顷风定云墨

①曾：同"层"。

色,秋天漠漠向昏黑。布衾多年冷似铁,娇

儿恶卧踏里裂。床头屋漏无干处,雨脚如麻

未断绝。自经丧乱少睡眠,长夜沾湿何由

彻!安得广厦千万间,大庇天下寒士俱欢

颜!风雨不动安如山。呜呼!何时眼前突兀

见此屋,吾庐独破受冻死亦足!

白雪歌送武判官归京
〔唐〕岑 参

北风卷地白草折,胡天八月即

飞雪。忽如一夜春风来,千树万树梨花开。

散入珠帘湿罗幕,狐裘不暖锦衾薄。将军角

弓不得控,都护铁衣冷难着。瀚海阑干百丈

冰，愁云惨淡万里凝。中军置酒饮归客，胡

琴琵琶与羌笛。纷纷暮雪下辕门，风掣红旗

冻不翻。轮台东门送君去，去时雪满天山

路。山回路转不见君，雪上空留马行处。

**酬乐天扬州初逢
席上见赠**
〔唐〕刘禹锡

巴山楚水凄凉地，二十三年弃

置身。怀旧空吟闻笛赋，到乡翻似烂柯人。

沉舟侧畔千帆过，病树前头万木春。今日听

君歌一曲，暂凭杯酒长精神。

卖炭翁
〔唐〕白居易

卖炭翁，伐薪烧炭南山中。满面

尘灰烟火色，两鬓苍苍十指黑。卖炭得钱何

所营？身上衣裳口中食。可怜身上衣正单，

心忧炭贱愿天寒。夜来城外一尺雪，晓驾炭

车辗冰辙。牛困人饥日已高，市南门外泥中

歇。翩翩两骑来是谁？黄衣使者白衫儿。手

把文书口称敕，回车叱牛牵向北。一车炭，

千余斤，宫使驱将惜不得。半匹红纱一丈

绫，系向牛头充炭直^①。

钱塘湖春行
〔唐〕白居易

孤山寺北贾亭西，水面初平云

脚低。几处早莺争暖树，谁家新燕啄春泥。

乱花渐欲迷人眼，浅草才能没马蹄。最爱湖

①直：同"值"，价钱。

东行不足,绿杨阴里白沙堤。

雁门太守行
〔唐〕李 贺

黑云压城城欲摧,甲光向日金鳞开。角声满天秋色里,塞上燕脂凝夜紫。

半卷红旗临易水,霜重鼓寒声不起。报君黄金台上意,提携玉龙为君死。

赤 壁
〔唐〕杜 牧

折戟沉沙铁未销,自将磨洗认前朝。东风不与周郎便,铜雀春深锁二乔。

泊秦淮
〔唐〕杜 牧

烟笼寒水月笼沙,夜泊秦淮近酒家。商女不知亡国恨,隔江犹唱后庭花。

夜雨寄北
〔唐〕李商隐

君问归期未有期,巴山夜雨涨

秋池。何当共剪西窗烛,却话巴山夜雨时。

无 题
〔唐〕李商隐

相见时难别亦难,东风无力百花残。春蚕到死丝方尽,蜡炬成灰泪始干。

晓镜但愁云鬓改,夜吟应觉月光寒。蓬山此去无多路,青鸟殷勤为探看。

相见欢
〔南唐〕李 煜

无言独上西楼,月如钩。寂寞梧桐深院锁清秋。 剪不断,理还乱,是离愁,别是一般滋味在心头。

渔家傲·秋思
〔宋〕范仲淹

塞下秋来风景异,衡阳雁去无留意。四面边声连角起,千嶂里,长烟落日

孤城闭。　浊酒一杯家万里，燕然未勒归

无计。羌管悠悠霜满地，人不寐，将军白发

征夫泪。

浣溪沙　　一曲新词酒一杯，去年天气旧
〔宋〕晏　殊

亭台。夕阳西下几时回？　无可奈何花落

去，似曾相识燕归来。小园香径独徘徊。

登飞来峰　　飞来山上千寻塔，闻说鸡鸣见
〔宋〕王安石

日升。不畏浮云遮望眼，自缘身在最高层。

江城子·密州出猎　　老夫聊发少年狂，左牵黄，右擎
〔宋〕苏　轼

苍，锦帽貂裘，千骑卷平冈。为报倾城随太

宁，亲射虎，看孙郎。　　酒酣胸胆尚开张。

鬓微霜，又何妨！持节云中，何日遣冯唐？会

挽雕弓如满月，西北望，射天狼。

水调歌头
〔宋〕苏　轼
　　明月几时有？把酒问青天。不知

天上宫阙，今夕是何年。我欲乘风归去，又

恐琼楼玉宇，高处不胜寒。起舞弄清影，何

似在人间。　　转朱阁，低绮户，照无眠。不

应有恨，何事长向别时圆？人有悲欢离合，

月有阴晴圆缺，此事古难全。但愿人长久，

千里共婵娟。

渔家傲
〔宋〕李清照

天接云涛连晓雾，星河欲转千帆舞。仿佛梦魂归帝所，闻天语，殷勤问我归何处。　我报路长嗟日暮，学诗谩[1]有惊人句。九万里风鹏正举。风休住，蓬舟吹取三山去！

游山西村
〔宋〕陆　游

莫笑农家腊酒浑，丰年留客足鸡豚。山重水复疑无路，柳暗花明又一村。箫鼓追随春社近，衣冠简朴古风存。从今若许闲乘月，拄杖无时夜叩门。

南乡子·登京口北固亭有怀
〔宋〕辛弃疾

何处望神州？满眼风光北固楼。

①谩：同"漫"，空，徒然。

千古兴亡多少事？悠悠。不尽长江滚滚

流。　　年少万兜鍪，坐断东南战未休。天下

英雄谁敌手？曹刘。生子当如孙仲谋。

**破阵子·为陈同甫
赋壮词以寄之**
〔宋〕辛弃疾

醉里挑灯看剑，梦回吹角连营。

八百里分麾下炙，五十弦翻塞外声，沙场

秋点兵。　　马作的卢飞快，弓如霹雳弦惊。

了却君王天下事，赢得生前身后名。可怜白

发生！

过零丁洋
〔宋〕文天祥

辛苦遭逢起一经，干戈寥落四

周星。山河破碎风飘絮，身世浮沉雨打萍。

篱下黄花开遍，秋容如拭。四面歌残终破楚，八年风味徒思浙。苦将侬强派作蛾眉，殊未屑！　身不得，男儿列，心却比，男儿烈。算平生肝胆，因人常热。俗子胸襟谁识我？英雄末路当磨折。莽红尘何处觅知音？青衫湿！

《论语》十二章

子曰："学而时习之，不亦说①乎？有朋自远方来，不亦乐乎？人不知而不愠，不亦君子乎？"

(《学而》)

曾子曰："吾日三省吾身：为人谋而不

①说：同"悦"，愉快。

忠乎？与朋友交而不信乎？传不习乎？（《学而》）

子曰："吾十有①五而志于学，三十而立，四十而不惑，五十而知天命，六十而耳顺，七十而从心所欲，不逾矩。"（《为政》）

子曰："温故而知新，可以为师矣。"（《为政》）

子曰："学而不思则罔，思而不学则殆。"（《为政》）

子曰："贤哉，回也！一箪食，一瓢饮，在陋巷，人不堪其忧，回也不改其乐。贤哉，回也！"（《雍也》）

①有：同"又"，用于整数和零数之间。

子曰："知之者不如好之者，好之者不如乐之者。"

（《雍也》）

子曰："饭疏食，饮水，曲肱而枕之，乐亦在其中矣。不义而富且贵，于我如浮云。"

（《述而》）

子曰："三人行，必有我师焉。择其善者而从之，其不善者而改之。"

（《述而》）

子在川上曰："逝者如斯夫，不舍昼夜。"

（《子罕》）

子曰："三军可夺帅也，匹夫不可夺志也。"

（《子罕》）

子夏曰:"博学而笃志,切问而近思,仁在其中矣。"

(《子张》)

曹刿论战
《左传》

十年春,齐师伐我。公将战,曹刿请见。其乡人曰:"肉食者谋之,又何间焉?"刿曰:"肉食者鄙,未能远谋。"乃入见。问:"何以战?"公曰:"衣食所安,弗敢专也,必以分人。"对曰:"小惠未遍,民弗从也。"公曰:"牺牲玉帛,弗敢加也,必以信。"对曰:"小信未孚,神弗福也。"公曰:"小大之狱,虽不能察,必以情。"对曰:"忠之属也。可以一战。战则请从。"

公与之乘，战于长勺。公将鼓之。刿曰："未可。"齐人三鼓。刿曰："可矣。"齐师败绩。公将驰之。刿曰："未可。"下视其辙，登轼而望之，曰："可矣。"遂逐齐师。

既克，公问其故。对曰："夫战，勇气也。一鼓作气，再而衰，三而竭。彼竭我盈，故克之。夫大国，难测也，惧有伏焉。吾视其辙乱，望其旗靡，故逐之。"

鱼我所欲也
　《孟子》

鱼，我所欲也；熊掌，亦我所欲

也。二者不可得兼，舍鱼而取熊掌者也。生，

亦我所欲也；义，亦我所欲也。二者不可得

兼，舍生而取义者也。生亦我所欲，所欲有

甚于生者，故不为苟得也；死亦我所恶，所

恶有甚于死者，故患有所不辟①也。如使人之

所欲莫甚于生，则凡可以得生者何不用也？

使人之所恶莫甚于死者，则凡可以辟患者

何不为也？由是则生而有不用也，由是则可

以辟患而有不为也。是故所欲有甚于生者，

所恶有甚于死者。非独贤者有是心也，人皆

①辟：同"避"，躲避。

有之，贤者能勿丧耳。

　　一箪食，一豆羹，得之则生，弗得则死。

呼尔而与之，行道之人弗受；蹴尔而与

之，乞人不屑也。万钟则不辩①礼义而受之，

万钟于我何加焉！为宫室之美、妻妾之奉、

所识穷乏者得②我与？乡③为身死而不受，今为

宫室之美为之；乡为身死而不受，今为妻妾

之奉为之；乡为身死而不受，今为所识穷乏

者得我而为之：是亦不可以已乎？此之谓失

其本心。

①辩：同"辨"，辨别。②得：同"德"，感恩、感激。③乡：同"向"，从前。

富贵不能淫
《孟子》

景春曰:"公孙衍、张仪岂不诚大丈夫哉?一怒而诸侯惧,安居而天下熄。"

孟子曰:"是焉得为大丈夫乎?子未学礼乎?丈夫之冠也,父命之;女子之嫁也,母命之,往送之门,戒之曰:'往之女①家,必敬必戒,无违夫子!'以顺为正者,妾妇之道也。居天下之广居,立天下之正位,行天下之大道。得志,与民由之;不得志,独行其道。富贵不能淫,贫贱不能移,威武不能屈。此之谓大丈夫。"

①女:同"汝",你。

生于忧患，死于安乐
　　《孟子》

舜发于畎亩之中，傅说举于版筑之间，胶鬲举于鱼盐之中，管夷吾举于士，孙叔敖举于海，百里奚举于市。故天将降大任于是人也，必先苦其心志，劳其筋骨，饿其体肤，空乏其身，行拂乱其所为，所以动心忍性，曾[1]益其所不能。

人恒过，然后能改；困于心，衡[2]于虑，而后作；征于色，发于声，而后喻。入则无法家拂士，出则无敌国外患者，国恒亡。然后知生于忧患而死于安乐也。

①曾：同"增"。②衡：同"横"，梗塞、不顺。

虽有嘉肴
《礼记》

虽有嘉肴，弗食，不知其旨也；

虽有至道，弗学，不知其善也。是故学然后

知不足，教然后知困。知不足，然后能自反

也；知困，然后能自强也。故曰：教学相长

也。《兑命》曰"学①学半"，其此之谓乎！

《列子》一则　　　伯牙善鼓琴，钟子期善听。伯

牙鼓琴，志在登高山。钟子期曰："善哉！峨

峨兮若泰山！"志在流水。钟子期曰："善哉！

洋洋兮若江河！"伯牙所念，钟子期必得之。

伯牙游于泰山之阴，卒②逢暴雨，止于岩下。

①学：同"敩（xiào）"，教导。②卒：同"猝"，突然。

心悲，乃援琴而鼓之。初为霖雨之操，更造

崩山之音。曲每奏，钟子期辄穷其趣。伯牙

乃舍琴而叹曰："善哉，善哉，子之听夫！志

想象犹吾心也。吾于何逃声哉？"

邹忌讽齐王纳谏
《战国策》

邹忌修八尺有余，而形貌昳丽。

朝服衣冠，窥镜，谓其妻曰："我孰与城北徐

公美？"其妻曰："君美甚，徐公何能及君也？"

城北徐公，齐国之美丽者也。忌不自信，而

复问其妾曰："吾孰与徐公美？"妾曰：徐公

何能及君也？"旦日，客从外来，与坐谈，

问之客曰："吾与徐公孰美？"客曰："徐公

不若君之美也。"明日徐公来，孰视之，自以

为不如；窥镜而自视，又弗如远甚。暮寝

而思之，曰："吾妻之美我者，私我也；妾

之美我者，畏我也；客之美我者，欲有求于

我也。"

　　于是入朝见威王，曰："臣诚知不如

徐公美。臣之妻私臣，臣之妾畏臣，臣之客

欲有求于臣，皆以美于徐公。今齐地方千

里，百二十城，宫妇左右莫不私王，朝廷之

臣莫不畏王,四境之内莫不有求于王:由此观之,王之蔽甚矣。"

王曰:"善。"乃下令:"群臣吏民能面刺寡人之过者,受上赏;上书谏寡人者,受中赏;能谤讥于市朝,闻寡人之耳者,受下赏。"令初下,群臣进谏,门庭若市;数月之后,时时而间进;期年之后,虽欲言,无可进者。燕、赵、韩、魏闻之,皆朝于齐。此所谓战胜于朝廷。

出师表
〔三国〕诸葛亮

先帝创业未半而中道崩殂,今

天下三分，益州疲弊，此诚危急存亡之秋也。然侍卫之臣不懈于内，忠志之士忘身于外者，盖追先帝之殊遇，欲报之于陛下也。诚宜开张圣听，以光先帝遗德，恢弘志士之气，不宜妄自菲薄，引喻失义，以塞忠谏之路也。

宫中府中，俱为一体，陟罚臧否，不宜异同。若有作奸犯科及为忠善者，宜付有司论其刑赏，以昭陛下平明之理，不宜偏私，使内外异法也。

侍中、侍郎郭攸之、费祎、董允等，此皆

良实，志虑忠纯，是以先帝简拔以遗陛下。

愚以为宫中之事，事无大小，悉以咨之，然

后施行，必能裨补阙漏，有所广益。

　　将军向宠，性行淑均，晓畅军事，试用

于昔日，先帝称之曰能，是以众议举宠为

督。愚以为营中之事，悉以咨之，必能使行

阵和睦，优劣得所。

　　亲贤臣，远小人，此先汉所以兴隆也；

亲小人，远贤臣，此后汉所以倾颓也。先帝

在时，每与臣论此事，未尝不叹息痛恨于

桓、灵也。侍中、尚书、长史、参军，此悉贞良

死节之臣，愿陛下亲之信之，则汉室之隆，

可计日而待也。

　　臣本布衣，躬耕于南阳，苟全性命于乱

世，不求闻达于诸侯。先帝不以臣卑鄙，猥

自枉屈，三顾臣于草庐之中。咨臣以当世之

事，由是感激，遂许先帝以驱驰。后值倾覆，

受任于败军之际，奉命于危难之间，尔来二

十有一年矣。

先帝知臣谨慎,故临崩寄臣以大事也。

受命以来,夙夜忧叹,恐托付不效,以伤先

帝之明,故五月渡泸,深入不毛。今南方已

定,兵甲已足,当奖率三军,北定中原,庶竭

驽钝,攘除奸凶,兴复汉室,还于旧都。此臣

所以报先帝而忠陛下之职分也。至于斟酌

损益,进尽忠言,则攸之、祎、允之任也。

　　愿陛下托臣以讨贼兴复之效;不效,则

治臣之罪,以告先帝之灵。若无兴德之言,

则责攸之、祎、允等之慢,以彰其咎。陛下亦

宜自谋,以咨诹善道,察纳雅言,深追先帝遗诏。臣不胜受恩感激。今当远离,临表涕零,不知所言。

桃花源记
〔东晋〕陶渊明

晋太元中,武陵人捕鱼为业。缘溪行,忘路之远近。忽逢桃花林,夹岸数百步,中无杂树,芳草鲜美,落英缤纷。渔人甚异之,复前行,欲穷其林。

林尽水源,便得一山,山有小口,仿佛若有光。便舍船,从口入。初极狭,才通人。复行数十步,豁然开朗。土地平旷,屋舍俨

然，有良田、美池、桑竹之属。阡陌交通，鸡

犬相闻。其中往来种作，男女衣着，悉如外

人。黄发垂髫，并怡然自乐。

见渔人，乃大惊，问所从来。具答之。便

要①还家，设酒杀鸡作食。村中闻有此人，咸

来问讯。自云先世避秦时乱，率妻子邑人来

此绝境，不复出焉，遂与外人间隔。问今是

何世，乃不知有汉，无论魏晋。此人一一为

具言所闻，皆叹惋。余人各复延至其家，皆

出酒食。停数日，辞去。此中人语云："不足

①要：同"邀"，邀请。

为外人道也。"

　　既出，得其船，便扶向路，处处志之。及郡下，诣太守，说如此。太守即遣人随其往，寻向所志，遂迷，不复得路。

　　南阳刘子骥，高尚士也，闻之，欣然规往。未果，寻病终。后遂无问津者。

答谢中书书
〔南朝〕陶弘景

　　山川之美，古来共谈。高峰入云，清流见底。两岸石壁，五色交辉。青林翠竹，四时俱备。晓雾将歇，猿鸟乱鸣；夕日欲颓，沉鳞竞跃。实是欲界之仙都。自康乐以来，未复有能与其奇者。

三　峡
〔北魏〕郦道元

自三峡七百里中，两岸连山，略无阙①处。重岩叠嶂，隐天蔽日，自非亭午夜分，不见曦月。

至于夏水襄陵，沿溯阻绝。或王命急宣，有时朝发白帝，暮到江陵，其间千二百里，虽乘奔御风，不以疾也。

春冬之时，则素湍绿潭，回清倒影，绝巘多生怪柏，悬泉瀑布，飞漱其间，清荣峻茂，良多趣味。

①阙：同"缺"，空隙、缺口。

每至晴初霜旦，林寒涧肃，常有高猿长

啸，属引凄异，空谷传响，哀转久绝。故渔者歌

曰："巴东三峡巫峡长，猿鸣三声泪沾裳。"

马 说
〔唐〕韩 愈

世有伯乐，然后有千里马。千里马

常有，而伯乐不常有。故虽有名马，祇辱于奴

隶人之手，骈死于槽枥之间，不以千里称也。

马之千里者，一食或尽粟一石。食①马者

不知其能千里而食②也。是马也，虽有千里之

能，食不饱，力不足，才美不外见③，且欲与常

马等不可得，安求其能千里也？

①②食：同"饲"，喂。③见：同"现"。

策之不以其道，食①之不能尽其材，鸣之而不能通其意，执策而临之，曰："天下无马！"呜呼！其真无马邪？其真不知马也！

陋室铭
〔唐〕刘禹锡

山不在高，有仙则名。水不在深，有龙则灵。斯是陋室，惟吾德馨。苔痕上阶绿，草色入帘青。谈笑有鸿儒，往来无白丁。可以调素琴，阅金经。无丝竹之乱耳，无案牍之劳形。南阳诸葛庐，西蜀子云亭。孔子云：何陋之有？

小石潭记
〔唐〕柳宗元

从小丘西行百二十步，隔篁竹，

①食：同"饲"，喂。

闻水声,如鸣珮环,心乐之。伐竹取道,下见

小潭,水尤清冽。全石以为底,近岸,卷石底

以出,为坻,为屿,为嵁,为岩。青树翠蔓,蒙

络摇缀,参差披拂。

　　潭中鱼可百许头,皆若空游无所依,日

光下澈,影布石上。佁然不动,俶尔远逝,往

来翕忽,似与游者相乐。

　　潭西南而望,斗折蛇行,明灭可见。其

岸势犬牙差互,不可知其源。

　　坐潭上,四面竹树环合,寂寥无人,凄

神寒骨,悄怆幽邃。以其境过清,不可久居,乃记之而去。

　　同游者:吴武陵,龚古,余弟宗玄。隶而从者,崔氏二小生,曰恕己,曰奉壹。

岳阳楼记
〔宋〕范仲淹

庆历四年春,滕子京谪守巴陵郡。越明年,政通人和,百废具①兴,乃重修岳阳楼,增其旧制,刻唐贤今人诗赋于其上,属②予作文以记之。

　　予观夫巴陵胜状,在洞庭一湖。衔远山,吞长江,浩浩汤汤,横无际涯,朝晖夕

①具:同"俱",全,皆。②属:同"嘱",嘱托。

阴，气象万千，此则岳阳楼之大观也，前人

之述备矣。然则北通巫峡，南极潇湘，迁客

骚人，多会于此，览物之情，得无异乎？

　　若夫淫雨霏霏，连月不开，阴风怒号，

浊浪排空，日星隐曜，山岳潜形，商旅不行，

樯倾楫摧，薄暮冥冥，虎啸猿啼。登斯楼也，

则有去国怀乡，忧谗畏讥，满目萧然，感极

而悲者矣。

　　至若春和景明，波澜不惊，上下天光，

一碧万顷，沙鸥翔集，锦鳞游泳，岸芷汀兰，

郁郁青青。而或长烟一空，皓月千里，浮光跃金，静影沉璧，渔歌互答，此乐何极！登斯楼也，则有心旷神怡，宠辱偕忘，把酒临风，其喜洋洋者矣。

嗟夫！予尝求古仁人之心，或异二者之为，何哉？不以物喜，不以己悲，居庙堂之高则忧其民，处江湖之远则忧其君。是进亦忧，退亦忧。然则何时而乐耶？其必曰"先天下之忧而忧，后天下之乐而乐"乎！噫！微斯人，吾谁与归？

时六年九月十五日。

醉翁亭记
〔宋〕欧阳修

环滁皆山也。其西南诸峰,林壑尤美,望之蔚然而深秀者,琅琊也。山行六七里,渐闻水声潺潺,而泻出于两峰之间者,酿泉也。峰回路转,有亭翼然临于泉上者,醉翁亭也。作亭者谁?山之僧智仙也。名之者谁?太守自谓也。太守与客来饮于此,饮少辄醉,而年又最高,故自号曰醉翁也。醉翁之意不在酒,在乎山水之间也。山水之乐,得之心而寓之酒也。

若夫日出而林霏开，云归而岩穴暝，晦明变化者，山间之朝暮也。野芳发而幽香，佳木秀而繁阴，风霜高洁，水落而石出者，山间之四时也。朝而往，暮而归，四时之景不同，而乐亦无穷也。

至于负者歌于途，行者休于树，前者呼，后者应，伛偻提携，往来而不绝者，滁人游也。临溪而渔，溪深而鱼肥，酿泉为酒，泉香而酒洌，山肴野蔌，杂然而前陈者，太守宴也。宴酣之乐，非丝非竹，射者中，弈者

胜,觥筹交错,起坐而喧哗者,众宾欢也。苍

颜白发,颓然乎其间者,太守醉也。

　　已而夕阳在山,人影散乱,太守归而宾

客从也。树林阴翳,鸣声上下,游人去而禽

鸟乐也。然而禽鸟知山林之乐,而不知人之

乐;人知从太守游而乐,而不知太守之乐其

乐也。醉能同其乐,醒能述以文者,太守也。

太守谓谁?庐陵欧阳修也。

爱莲说
〔宋〕周敦颐

　　水陆草木之花,可爱者甚蕃。晋

陶渊明独爱菊。自李唐来,世人甚爱牡丹。

予独爱莲之出淤泥而不染，濯清涟而不妖，

中通外直，不蔓不枝，香远益清，亭亭净植，

可远观而不可亵玩焉。

予谓菊，花之隐逸者也；牡丹，花之富贵

者也；莲，花之君子者也。噫！菊之爱，陶后鲜有

闻。莲之爱，同予者何人？牡丹之爱，宜乎众矣。

记承天寺夜游
〔宋〕苏　轼

元丰六年十月十二日夜，解衣

欲睡，月色入户，欣然起行。念无与为乐者，

遂至承天寺寻张怀民。怀民亦未寝，相与步

于中庭。庭下如积水空明，水中藻、荇交横，

盖竹柏影也。何夜无月？何处无竹柏？但少

闲人如吾两人者耳。

送东阳马生序（节选）

〔明〕宋　濂

余幼时即嗜学。家贫，无从致书

以观，每假借于藏书之家，手自笔录，计日

以还。天大寒，砚冰坚，手指不可屈伸，弗之

怠。录毕，走送之，不敢稍逾约。以是人多以

书假余，余因得遍观群书。既加冠，益慕圣

贤之道。又患无硕师名人与游，尝趋百里

外，从乡之先达执经叩问。先达德隆望尊，

门人弟子填其室，未尝稍降辞色。余立侍左

右，援疑质理，俯身倾耳以请；或遇其叱咄，

色愈恭，礼愈至，不敢出一言以复；俟其欣

悦，则又请焉。故余虽愚，卒获有所闻。

当余之从师也，负箧曳屣行深山巨谷

中。穷冬烈风，大雪深数尺，足肤皲裂而不

知。至舍，四支①僵劲不能动，媵人持汤沃灌，

以衾拥覆，久而乃和。寓逆旅，主人日再食，

无鲜肥滋味之享。同舍生皆被②绮绣，戴朱缨

宝饰之帽，腰白玉之环，左佩刀，右备容臭，

烨然若神人；余则缊袍敝衣处其间，略无慕

①支：同"肢"。②被：同"披"，穿。

艳意,以中有足乐者,不知口体之奉不若人

也。盖余之勤且艰若此。

湖心亭看雪
〔明〕张 岱

崇祯五年十二月,余住西湖。大

雪三日,湖中人鸟声俱绝。是日更定矣,余拏

一小舟,拥毳衣炉火,独往湖心亭看雪。雾

凇沆砀,天与云与山与水,上下一白,湖上

影子,惟长堤一痕、湖心亭一点、与余舟一

芥、舟中人两三粒而已。

到亭上,有两人铺毡对坐,一童子烧酒

炉正沸。见余大喜曰:"湖中焉得更有此

人!"拉余同饮。余强饮三大白而别。问其

姓氏,是金陵人,客此。及下船,舟子喃喃

曰:"莫说相公痴,更有痴似相公者。"

河中石兽
[清]纪 昀

沧州南一寺临河干, 山门圮于

河,二石兽并沉焉。阅十余岁,僧募金重修,

求二石兽于水中, 竟不可得, 以为顺流下

矣。棹数小舟,曳铁钯,寻十余里无迹。

一讲学家设帐寺中,闻之笑曰:"尔辈不

能究物理。是非木柿,岂能为暴涨携之去?

乃石性坚重,沙性松浮,湮于沙上,渐沉渐

深耳。沿河求之，不亦颠乎？"众服为确论。

　　一老河兵闻之，又笑曰："凡河中失石，当求之于上流。盖石性坚重，沙性松浮，水不能冲石，其反激之力，必于石下迎水处啮沙为坎穴。渐激渐深，至石之半，石必倒掷坎穴中。如是再啮，石又再转。转转不已，遂反溯流逆上矣。求之下流，固颠；求之地中，不更颠乎？"如其言，果得于数里外。然则天下之事，但知其一，不知其二者多矣，可据理臆断欤？